Impressum
Verlag: BABADADA GmbH, Nedderfeld 112 , 22529 Hamburg
Geschäftsführer / Verlagsleitung: Harald Hof
Druck: Books on Demand GmbH, In de Tarpen 42, 22848 Norderstedt

Imprint
Publisher: BABADADA GmbH, Nedderfeld 112 , 22529 Hamburg, Germany
Managing Director / Publishing direction: Harald Hof
Print: Books on Demand GmbH, In de Tarpen 42, 22848 Norderstedt

school

ښوونځی

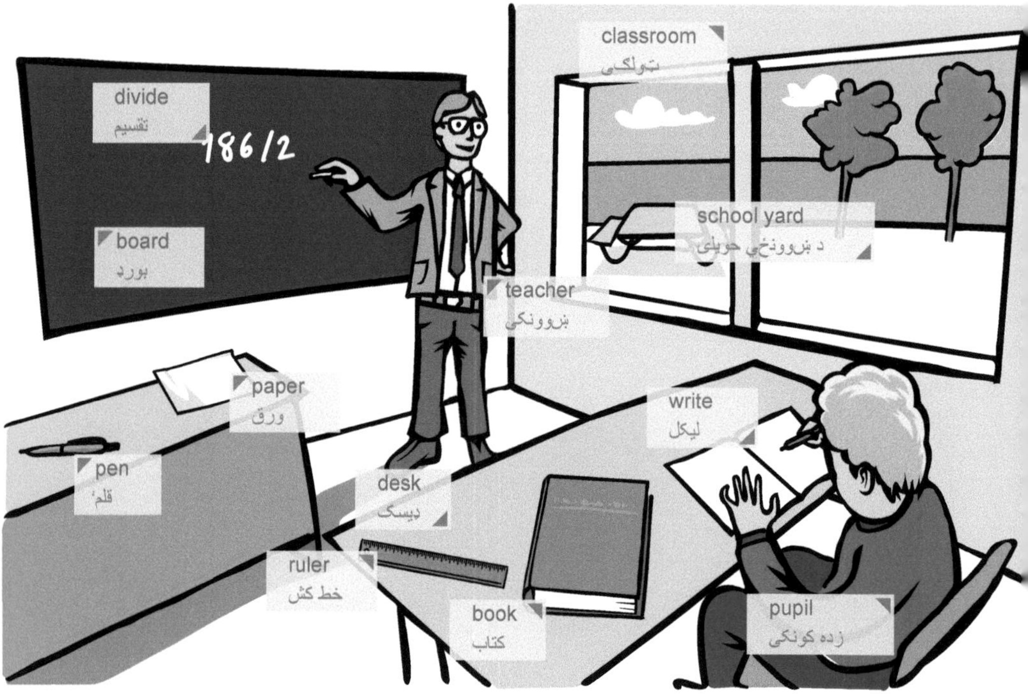
classroom
ټولګی
divide
تقسیم
186/2
board
بورډ
school yard
د ښوونځي حویلی
teacher
ښوونکی
paper
ورق
write
لیکل
pen
قلم
desk
ډیسک
ruler
خط کش
book
کتاب
pupil
زده کونکی

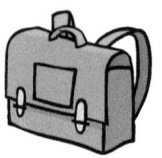

satchel

کڅوړه

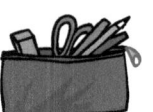

pencil case

د پنسل بکسه

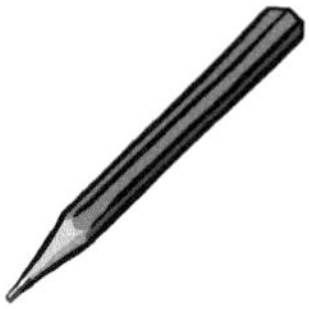

pencil

پنسل

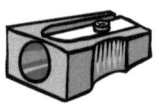

pencil sharpener

پنسل تراش

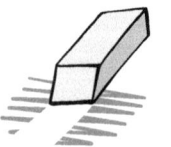

rubber

ربړ

drawing pad

د رسامی پاڼه

drawing

رسامي

paintbrush

د نقاشی برس

paint box

د نقاشی بکس

scissors

قیچي

glue

سریش

exercise book

د تمرین کتاب

homework

کورنی دنده

number

شمیر

add

جمع

subtract

منفي

multiply

ضرب

calculate

حساب

letter

توری

alphabet

الفبا

word

کلمه

text

متن

read

لوستل

chalk

تباشیر

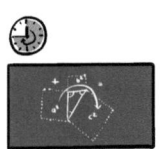

lesson

درس

register

راجستر

exam

ازموینه

certificate

تصدیق پاڼه

school uniform

د ښوونځي یونیفارم

education

تعلیم

encyclopedia

دایره المعارف

university

پوهنتون

microscope

مایکروسکوپ

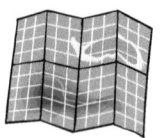

map

نقشه

waste-paper basket

اشغالدانی

hotel
هوټل

Grand

hostel
لیلیه

ROOMS

bureau de change
د اسعارو د تبادلي دفتر

CHANGE

car
موټر

language

ژبه

yes / no

هو/نه

Okay

سمه ده

hello

سلام

translator

ژباړونکی

Thank you

مننه

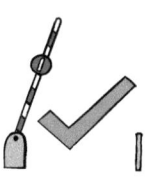

how much is...?

څومره دي...؟

I do not understand

زه نه پوهیږم

problem

ستونزه

Good evening!

ماښام مو پخیر!

Good morning!

سهار په خیر!

Good night!

شپه په خیر!

bye bye

په مخه مو ښه

direction

لارښود

luggage

سامان

bag

بیک

backpack

شاتنی بکس

guest

میلمه

room

خونه

sleeping bag

د خوب کڅوړه

tent

خیمه

tourist information

د توريزم معلومات

beach

ساحل

credit card

کریدیټ کارت

breakfast

ناری

lunch

د غرمی خواړه

dinner

د شپی خواړه

ticket

ټیکټ

lift

لفټ

stamp

مهر

border

پوله

customs

ګمرک

embassy

سفارت

visa

ویزه

passport

پاسپورټ

transport
ټرانسپورټ

aeroplane
الوتکه
ship
بېړۍ
fire engine
د اور ماشین
bus
بس
truck
ټرک
motorboat
موټرکښتۍ
bike
بایک
car
موټر

ferry
کښتۍ

boat
کښتۍ

motorbike
موټرسایکل

police car
د پولیسو موټر

racing car
د ریس موټر

rental car
کرایي موټر

car sharing

د کرایه موټری

breakdown truck

جرثقیل لرونکی ټرک

refuse truck

ریفیوز ټرک

motor

موټر

fuel

سونگ توکي

petrol station

پترول سټیشن

traffic sign

ترافیکي نښه

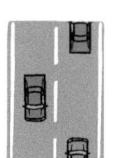

traffic

ترافیک

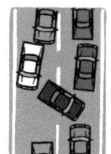

traffic jam

جام ترافیک

car park

د موټرو تمځای

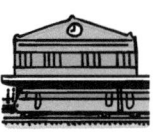

train station

د ریل سټیشن

tracks

پټلۍ

train

ریل

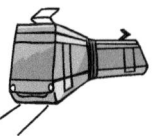

tram

ټرام

carriage

واگون

helicopter

چورلکه

airport

هوايي ډگر

tower

برج

passenger

مسافر

container

کانتينر

carton

کارتون

cart

کارټ

basket

ټوکری

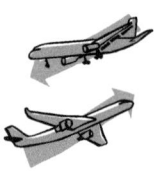

take off / land

الوتنه کول/ځکټرينا ستل

city

ښار

village

کلی

city centre

د ښار مرکز

house

کور

cinema
سينما

advert
اعلان

street lamp
د کوڅې لامپ

street
کوڅه

taxi
ټيکسي

snack shop
د خوارو پلورنځی

pedestrian
پياده

pavement
پلي لاره

zebra crossing
د سړک څخه تيريدو لاره

bin
اشغالدانۍ (لوی)

crossing
د تيريدو لاره

traffic lights
د ترافيک څراغونه

hut
کودله

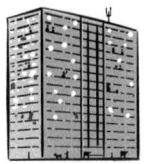

flat
اپارتمان

train station
د ريل سټيشن

town hall
ټاون هال

museum
ميوزيم

school
ښوونځی

university

پوهنتون

bank

بانک

hospital

روغتون

hotel

هوټل

pharmacy

درملتون

office

دفتر

book shop

کتاب پلورنځی

shop

پلورنځی

florist's

د ګلانو پلورنځی

supermarket

لوی پلورنځی

market

مارکیټ

department store

د ډیپارټمنټ سټور

fishmonger's

کب پلورنځی

shopping centre

د پلور مرکز

harbour

لنګرتون

park

پارک

bench

بینچ

bridge

پل

stairs

زینه

underground

د ځمکې لاندی

tunnel

تونل

bus stop

بس تمځای

bar

بار

restaurant

ریستورانت

postbox

پوست بکس

street sign

د کوڅی نښه

parking meter

د پارک کولو میټر

zoo

ژوبڼ

swimming pool

د لامبو حوض

mosque

مسجد

farm

کرونده

pollution

ناپاکي

graveyard

هدیره

church

چرچ

playground

د لوبو ځګر

temple

معبد/کلیسا

landscape
منظره

signpost
د لارښوونې نښه

way
لاره

meadow
چمن

stone
کاڼی

hiker
هیکر

tree
ونه

river
سیند

grass
واښه

flower
ګل

valley

دره

hill

غوندی

lake

ناور

forest

ځنګل

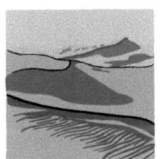

desert

دشته

volcano

اورشیندی

castle

کلا

rainbow

رنگین کمان

mushroom

مرخیړی

palm tree

پلم ونه

mosquito

ماشي

fly

الوتل

ant

میږی

bee

مچی

spider

غوندۍ/جولا

beetle

گـونگـت

frog

چونگـبـه

squirrel

نولی

hedgehog

زیریکی

hare

سوی

owl

گـونگ

bird

مرغی

swan

قازه

boar

نرخوگ

deer

هوسی

moose

گـاوزه

dam

بند

wind turbine

بادي توربين

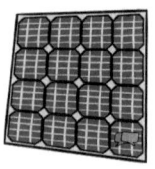

solar panel

سولر تختی

climate

اقلیم

restaurant

ریسټورانټ

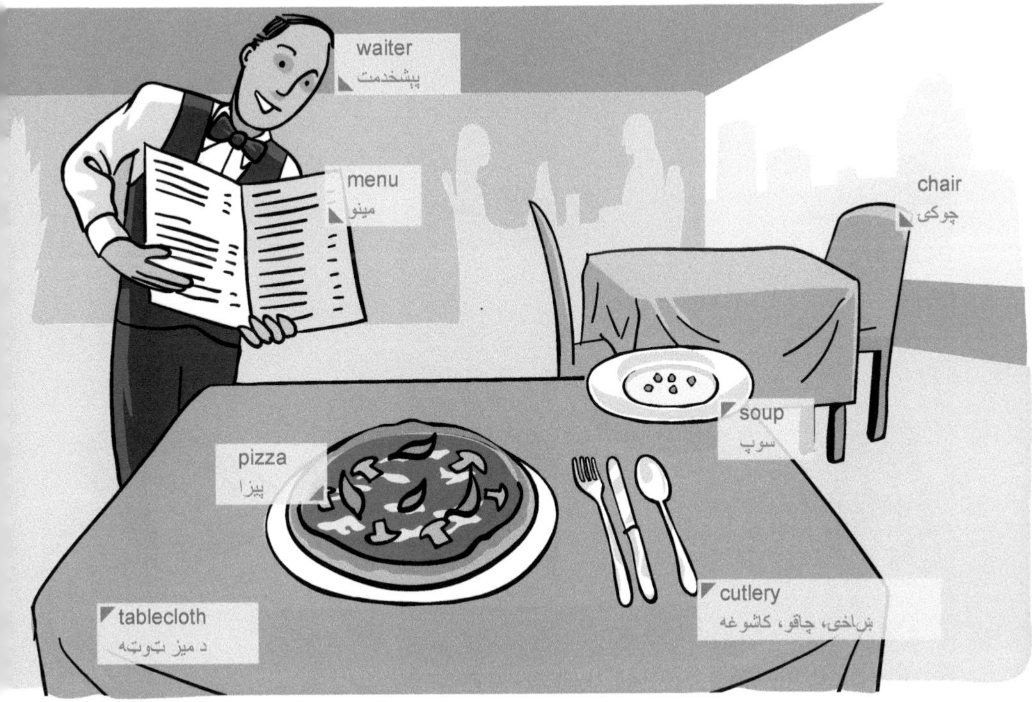
waiter
پیشخدمت
menu
مینو
chair
چوکۍ
soup
سوپ
pizza
پیزا
cutlery
بڼاخۍ، چاقو، کاشوغه
tablecloth
د میز ټوټه

starter
سټارټر

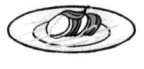

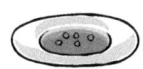

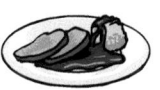

main course
اصلي خواړه

dessert
شیرني

drinks
څښاک

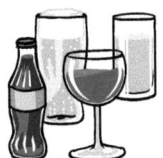

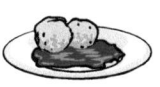

food
خواړه

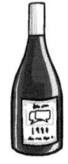

bottle
بوتل

fast food

فاسټ فود

street food

د کوڅی خواره

teapot

چای جوش

sugar bowl

قندانی

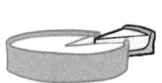

portion

برخه

espresso machine

اسپرسو مشین

high chair

لوړه چوکی

bill

رسید

tray

مجمه

knife

چاکو

fork

پنجه

spoon

قاشق

teaspoon

چای قاشق

serviette

سوروېت

glass

گلاس

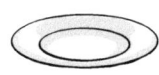

plate

پلیټ

soup plate

د سوپ پلیټ

saucer

نالبکی

sauce

ساس

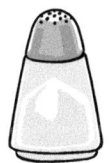

salt pot

مالګه شیندونکی

pepper mill

د مرچ ټکولو لوخی

vinegar

سرکه

oil

غوري

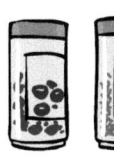

spices

مساله

ketchup

کچ اپ

mustard

شرشم

mayonnaise

چکه

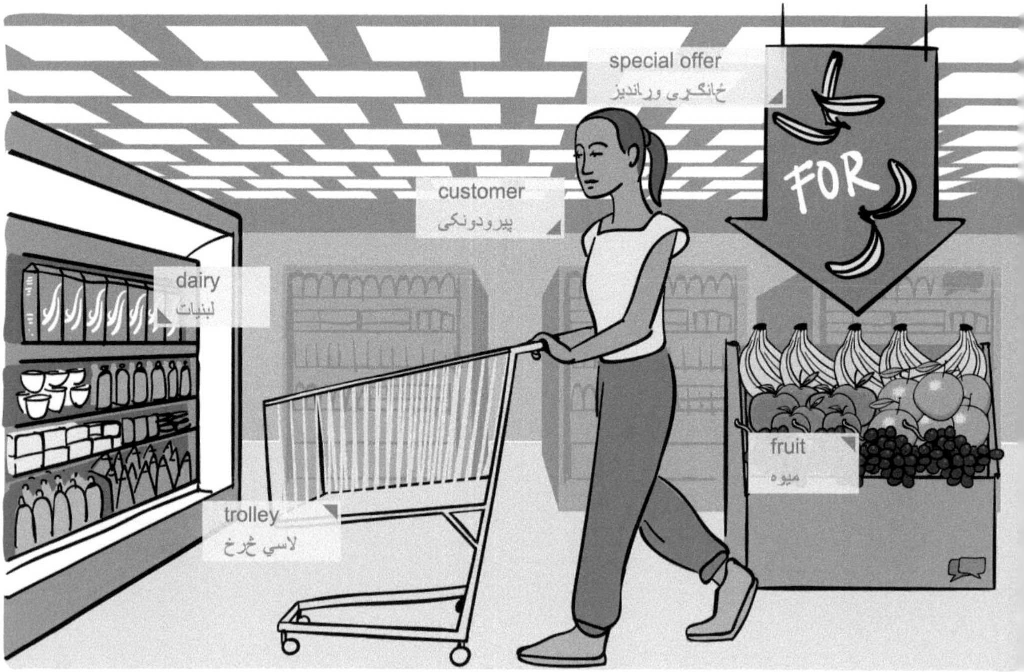

special offer
ځانګړی وړاندیز
FOR
customer
پیرودونکی
dairy
لبنیات
fruit
میوه
trolley
لاسي ګرځ

BUTCHERS

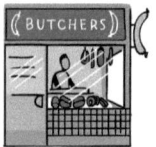

butcher´s

قصابي

BAKERY

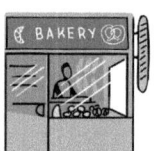

baker´s

نانوایی

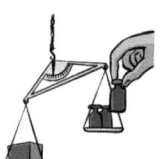

weigh

وزن کول

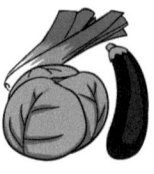

vegetables

سبزيجات

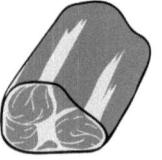

meat

غوښه

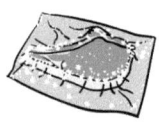

frozen food

کنګل خواره

cold meat

يخه غوښه

tinned food

كنسروا خواره

washing powder

د مينځلو پودر

sweets

شيريني

household products

كورني توليدات

cleaning products

د پاكولو محصولات

salesperson

د پلور فرد

till

د نغدي راجستر

cashier

صراف

shopping list

د پيرود ليست

opening hours

كاري ساعتونه

wallet

بټوه

credit card

كريډيت كارت

bag

كڅوړه

plastic bag

پلاستيک كڅوړه

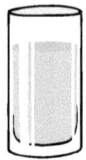

water

اوبه

juice

جوس

milk

شیده

coke

کوک

wine

واین

beer

بیر

alcohol

الکول

cocoa

ککاو

tea

چای

coffee

کافي

espresso

أسپرسو

cappuccino

کپچینو

banana

کیله

apple

منۍ

orange

نارنج

melon

هندوانه

lemon

لیمو

carrot

گازره

garlic

هوږه

bamboo

بانکس

onion

پیاز

mushroom

مرخیړي

nuts

چغزی

noodles

آش

spaghetti

سپیگـتـي

rice

وریجی

salad

سلاد

chips

چپس

fried potatoes

سره کړي کچالو

pizza

پیزا

hamburger

همبرګر

sandwich

ساندویچ

cutlet

کتره

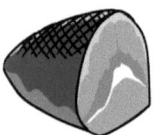

ham

د پټون غوښه

salami

سلمي

sausage

ساسج

chicken

چرګ

roast

روسټ

fish

کب

porridge oats

د وربشي شیرني

muesli

موسلي

cornflakes

د جوار پلی

flour

اوړه

croissant

کروسانت

bread roll

د ډوډۍ رول

bread

ډوډۍ

toast

ټوسټ

biscuits

بسکیټ

butter

کوچ

curd

چکه

cake

کیک

egg

هګۍ

fried egg

پیشي هګۍ

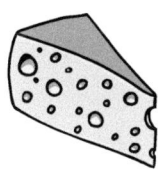

cheese

پنیر

ice cream

آيس كريم

sugar

بوره

honey

شهد

jam

مربا

chocolate spread

نوگات كريم

curry

كوركمان

farm
کرونده

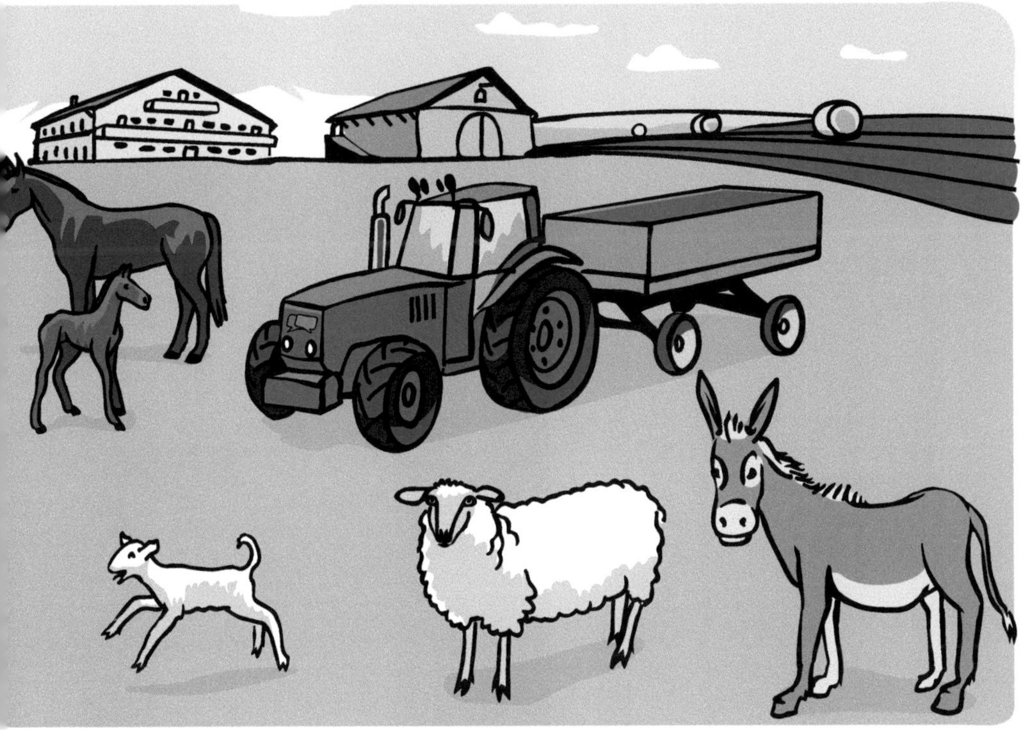

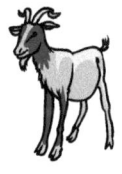

goat

وزه

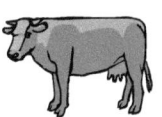

cow

غوا

calf

خوسکی

pig

خوگ

piglet

د خوگ بچی

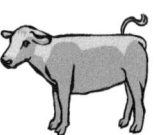

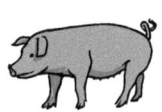

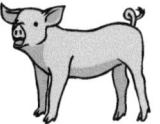

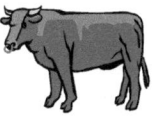

bull

غویی

goose

بته

duck

هیلی

chick

چرګوړی

hen

چرګه

cock

بانګي

rat

سارای موږک

cat

پیشک

mouse

موږک

ox

غویی

dog

سپی

doghouse

د سپي خونه

garden hose

د باغ هوز

watering can

د اوبو لوخی

scythe

لور (داس)

plough

یوی

sickle

لور

hoe

رمبی

pitchfork

بېراخی

axe

تبر

wheelbarrow

کراچی

trough

ناوه

milk can

د شیدو لوخی

sack

جوال

fence

کتاره

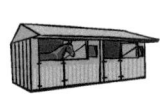

stable

مضبوط

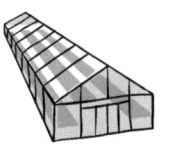

greenhouse

ښنه خونه

soil

خاوره

seed

تخم

fertilizer

سره/کود

combine harvester

کد ریبونکی ماشین

harvest

زيرمه كول

harvest

درمند

yams

خواړه کچالو

wheat

غنم

soy

سويا

potato

کچالو

corn

جوار

rapeseed

نباتي تخم

fruit tree

د ميوي ونه

cassava

مانيوک

cereals

غله

house

کور

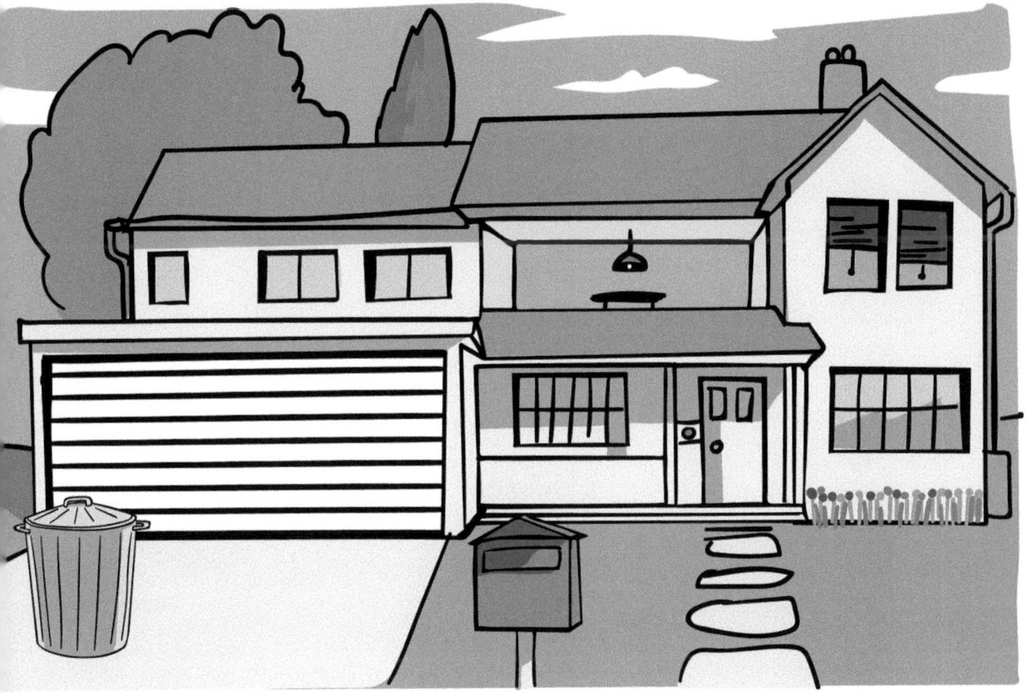

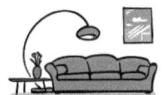

living room

د اوسیدو خونه

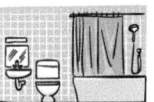

bathroom

حمام

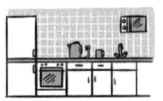

kitchen

پخلنځی

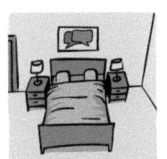

bedroom

د ویده کیدو خونه

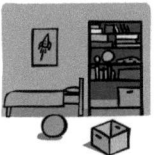

child's room

د ماشوم خونه

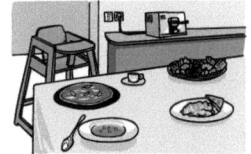

dining room

د خوارو خونه

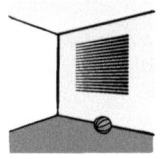

floor

فرش

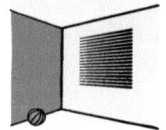

wall

ديوال

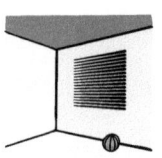

ceiling

چت

cellar

زيرخانه

sauna

سونا

balcony

بالکوني

terrace

تراس

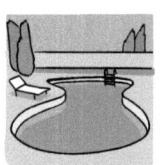

pool

حوض

lawn mower

د چمن وهلو ماشين

sheet

شيت

bedspread

روجايى

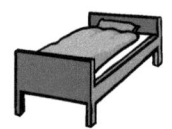

bed

تخت

broom

جارو

bucket

بوکه

switch

سويچ

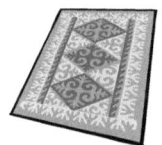

living room

د اوسیدو خونه

carpet

....

غالۍ

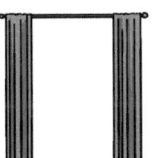

curtain

....

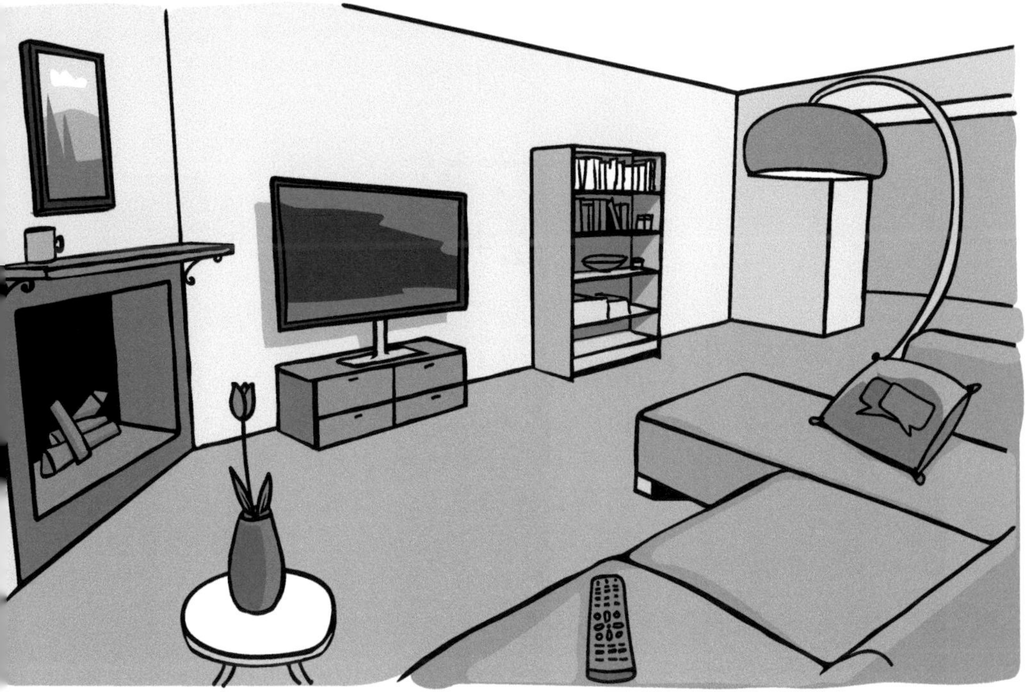

پرده

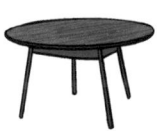

table

....

میز

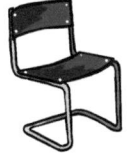

chair

....

چوکۍ

rocking chair

....

تاوېدونکې چوکۍ

armchair

....

بازو لرونکې چوکۍ

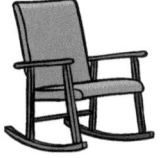

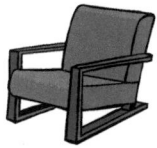

book

كتاب

blanket

كمپل

decoration

ديكوريشن

firewood

د اور لرګي

film

فلم

hi-fi equipment

هايفای

key

كلي

newspaper

ورځپاڼه

painting

نقاشي

poster

پوسټر

radio

راديو

notepad

كتابچه

hoover

واكيوم جارو

cactus

كاكتوس

candle

شمع

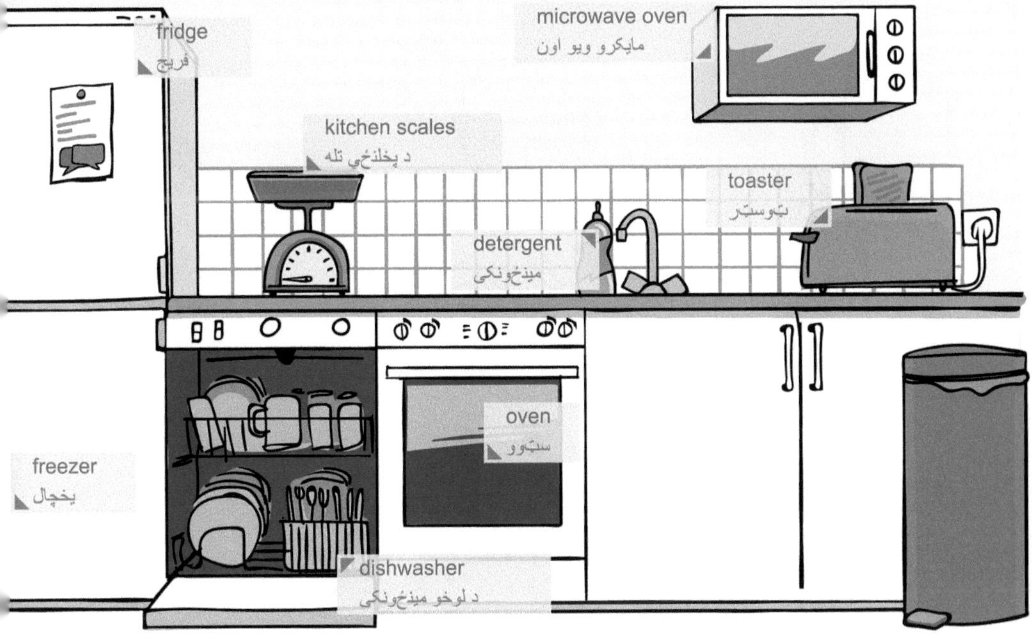

fridge
فریج

microwave oven
مايکرو ويو اون

kitchen scales
د پخلنځي تله

toaster
ټوسټر

detergent
مينځونکی

oven
سټور

freezer
يخچال

dishwasher
د لوخو مينځونکی

cooker

دیگ بخار

pot

لوخی

cast-iron pot

چدني لوخی

wok / kadai

ووک

pan

د تلي په

kettle

چای جوش

steamer

د بخار ديگ

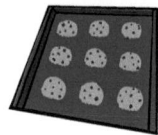

baking tray

پتنوس

crockery

لوخي

mug

مگ

bowl

کاسه

chopsticks

د رانيولو اوزار

ladle

ټمڅی

spatula

کفګير

whisk

پاکونکی

strainer

صافي

sieve

غلبيل

grater

کريتر

mortar

اونګ

barbecue

بار بي کيو

open fire

خلاص اور

chopping board

تخته

rolling pin

هوارونکی

can

تیم

can opener

د تیم خلاصونکی

pot holder

د لوخي تویته

sink

ظرف شوی

brush

برس

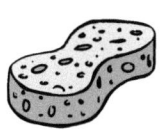

sponge

سپنج

blender

بلیندر

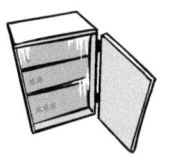

deep freezer

ژور یخچال

baby bottle

د ماشوم بوتل

tap

نل

bathroom

حمام

heating
تودول
towel
جان پاک
shower
شاور
shower curtain
د شاور پرده
bubble bath
بیل حمام
bathtub
د حمام ټب
glass
ګلاس
washing machine
د مینځلو مشین
tap
نل
tiles
ټایلونه
potty
یو دول کمود
sink
ظرف شوی

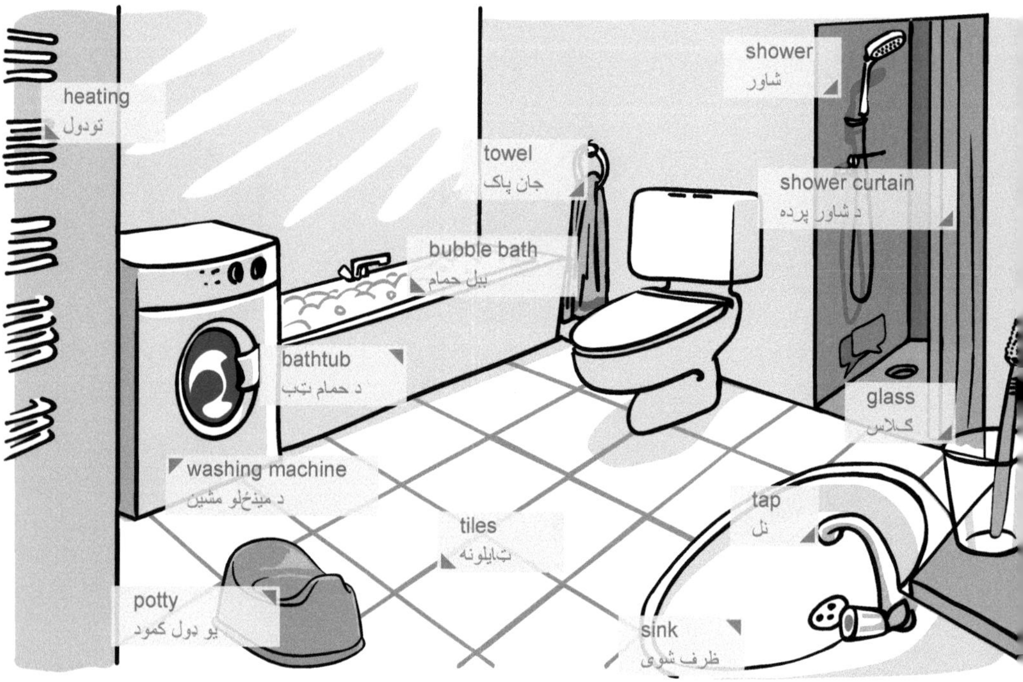

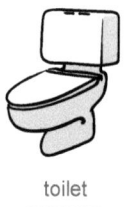

toilet

تشناب

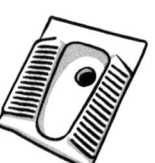

squat toilet

فرشي کمود

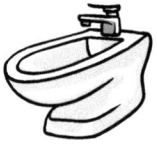

bidet

کمود

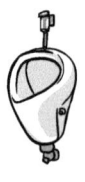

urinal

د متیازو ځای

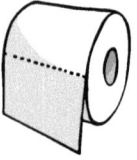

toilet paper

تشناب کاغذ

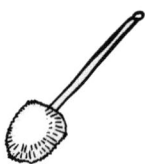

toilet brush

د تشناب برس

toothbrush

د غاښونو برس

toothpaste

د غاښونو کریم

dental floss

د غاښونو نخ

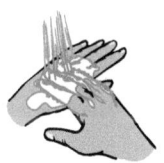

wash

مینځل

handheld shower

لاسي شاور

douche

دوش

basin

خانک

back brush

د شا برس

soap

صابون

shower gel

د شاور ژل

shampoo

شامپو

flannel

فلانل جامه

drain

وچول

cream

کریم

deodorant

سپری

mirror

آینه

hand mirror

لاسي آینه

razor

ریزر

shaving foam

د خریلو فوم

aftershave

د خریلو وروسته

comb

کمنځ

brush

برس

hair dryer

د ویښتانو وچونکی

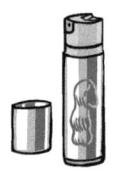

hairspray

د ویښتانو سپری

makeup

میک اپ

lipstick

لیپ ستیک

nail varnish

د نوکانو پالش

cotton wool

کاټن وری

nail scissors

ناخن گیر

perfume

عطر

washbag

د مینځلو کڅوړه

stool

ستول

weighing scale

د وزن کولو تله

bathrobe

د حمام پوښاک

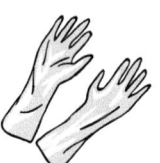

rubber gloves

د ربړ دستکش

tampon

تامپون

sanitary towel

صحیی جان پاک

chemical toilet

کیمیکل تشناب

child's room

د ماشوم خونه

alarm clock
د الارم ساعت
cuddly toy
د لوبو وسایل
toy car
د نانځکي موټر
doll's house
د نانځکو خونه
present
ډالۍ
rattle
ریټل

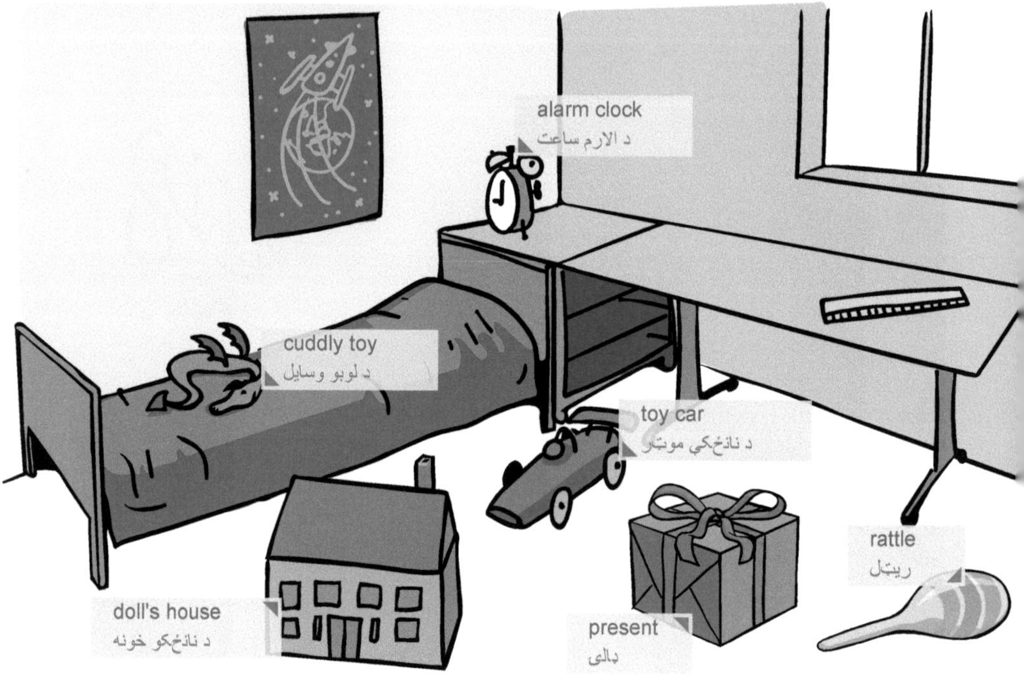

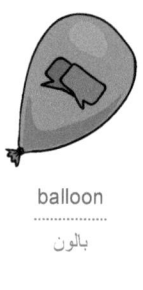

balloon

بالون

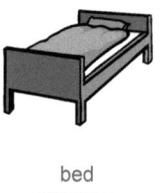

bed

تخت

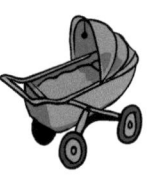

pram

کالسکه

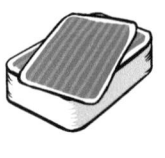

deck of cards

د لوبو ورقي

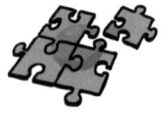

jigsaw

جیګسا

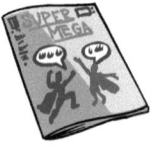

comic

مسخره

lego bricks

لیګو بریک

building blocks

د ناڅکو بلاک

action figure

د اکشن فیګور

babygrow

د ماشوم پوښاک

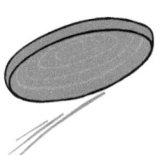

frisbee

فریزبي

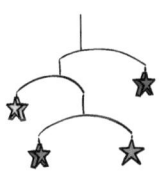

mobile

موبایل

board game

بورډ لوبه

dice

تاس

model train set

مادل ریل سیت

dummy

ګونګشی

party

پارتي

picture book

د عکسونو البوم

ball

بال

doll

ناڅکه

play

لوبیدل

sandpit

د شگو کنده

swing

سوینگ

toys

ناڅخکي

video game console

د ویدیو لوبو کنسول

tricycle

تررای سایکل

teddy bear

کوډکه

wardrobe

د کالو الماری

clothing

پوښاک

socks

جرابی

stockings

لوړي جرابي

tights

تایتس

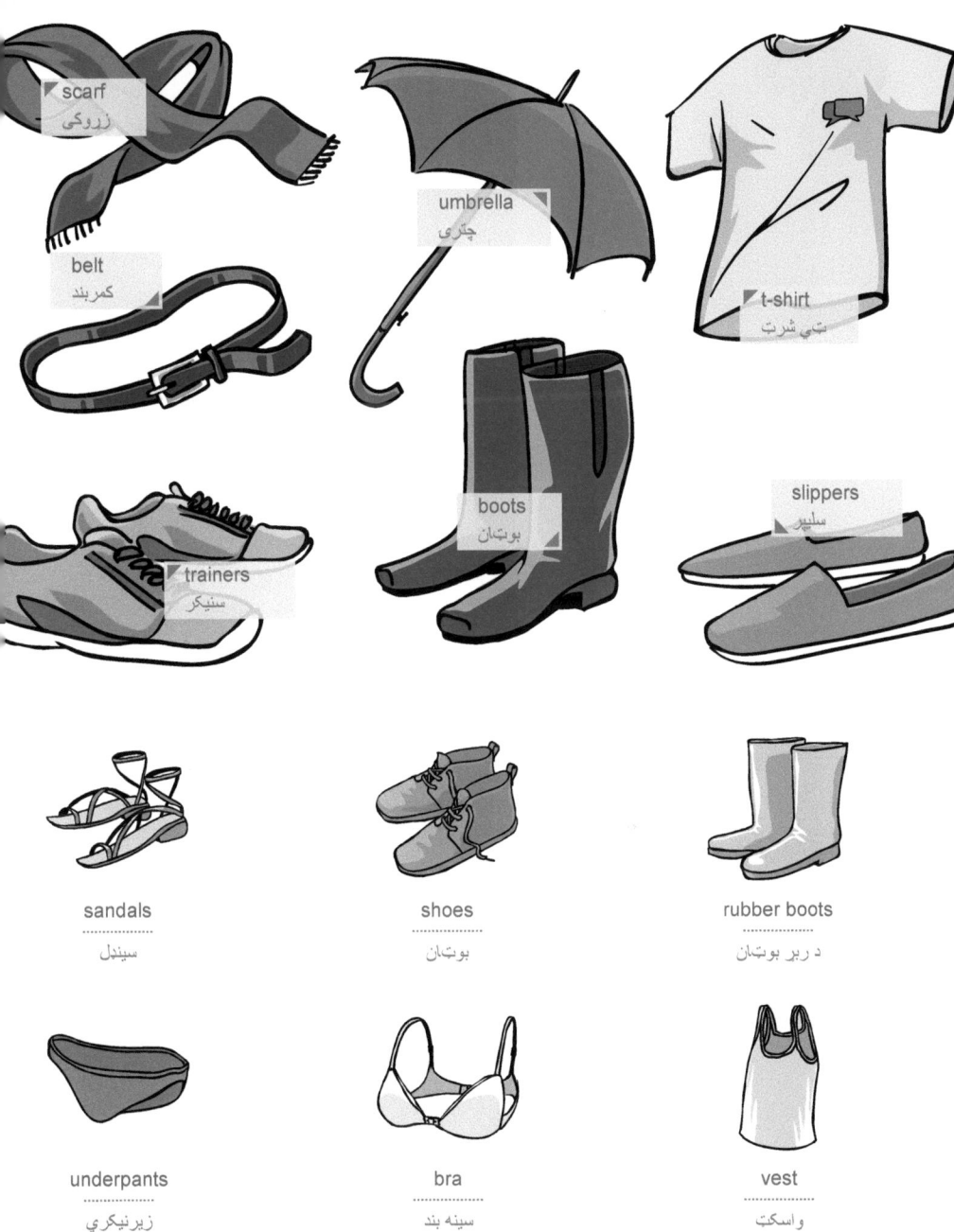

scarf
زروکی

umbrella
چترۍ

t-shirt
ټي شرت

belt
کمربند

boots
بوټان

slippers
سلیپر

trainers
سنیکر

sandals	shoes	rubber boots
سیندل	بوټان	د ربر بوټان

underpants	bra	vest
زیرنیکري	سینه بند	واسکټ

clothing - پوښاک   45

body

بادي

trousers

پتلون

jeans

جينز

skirt

لمن

blouse

بلاوز

shirt

شرت

pullover

بنيان

hoodie

سويټر

blazer

بليزر

jacket

جاکټ

coat

کوټ

raincoat

د باران کوټ

costume

پوښاک

dress

کالي

wedding dress

د واده پوښاک

suit

دريشي

nightgown

د شپې پوښاک

pyjamas

پاجامه

sari

ساري

headscarf

لوپټه

turban

پټکی

burqa

برقه

kaftan

کفتن

abaya

عبا

swimsuit

د لامبو پوښاک

trunks

نیکر

shorts

شارټ

tracksuit

د خُغاستي پوښاک

apron

پیش بند

gloves

دستکش

button

بټن

glasses

عینک

bracelet

لاس بند

necklace

غاړه کۍ

ring

ګوتمه

earring

غوږوالۍ

cap

خولۍ

coat hanger

کوټ بند

hat

خولۍ

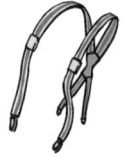

tie

نتایی

zip

څنځیر

helmet

هیلمیټ

braces

ترونکۍ

school uniform

د ښوونځي یونیفارم

uniform

یونیفارم

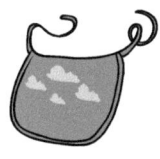

bib

بيب

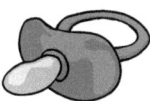

dummy

ګونګشی

nappy

نيپي

office

دفتر

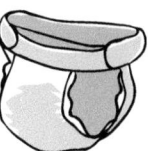

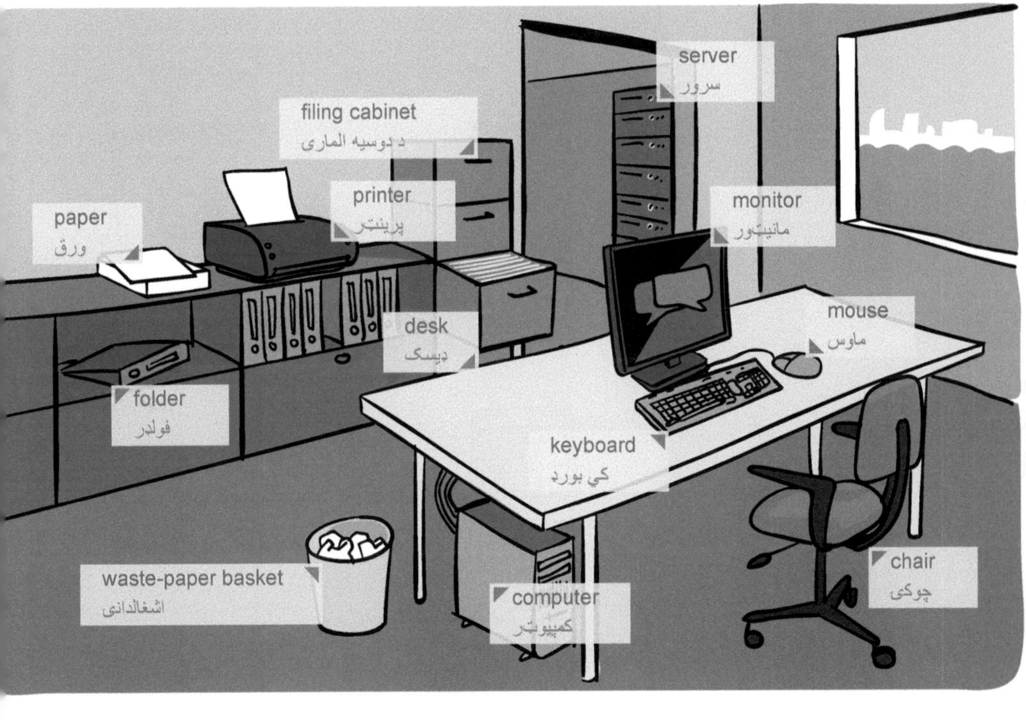

server
سرور
filing cabinet
د دوسيه الماری
printer
پرينټر
paper
ورق
monitor
مانيټور
mouse
ماوس
desk
ډيسک
folder
فولډر
keyboard
کي بورډ
waste-paper basket
اشغالدانی
computer
کمپيوټر
chair
چوکی

coffee mug

د کافي پياله

calculator

کالکوليټر

internet

انټرنيټ

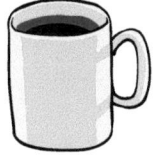

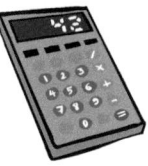

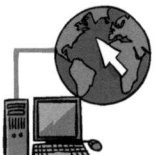

laptop

لیپ ٹاپ

letter

لیٹر

message

پیغام

mobile

موبایل

network

نیٹورک

photocopier

فوٹوکاپیر

software

سافٹ ویر

telephone

ٹیلیفون

plug socket

پلگ ساکٹ

fax machine

فکس مشین

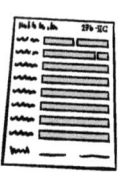

form

فارم

document

سند

buy

پیرل

pay

تادیه کول

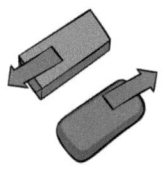

trade

سوداگري کول

money

پیسي

dollar

ډالر

euro

یورو

yen

ین

rouble

ربل

Swiss franc

سویسي فرانک

renminbi yuan

رینمینبي یوان

rupee

روپۍ

cashpoint

د نغدي پیسو ځای

bureau de change

د اسعارو د تبادلي دفتر

gold

سره زر

silver

سپین زر

oil

تیل

energy

انرژي

price

نرخ

contract

قرارداد

tax

مالیه

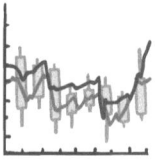

stock

اسهام

work

کار کول

employee

کارمند

employer

کار گـومارونکی

factory

فابریکه

shop

پلورنځی

occupations
مسلکونه

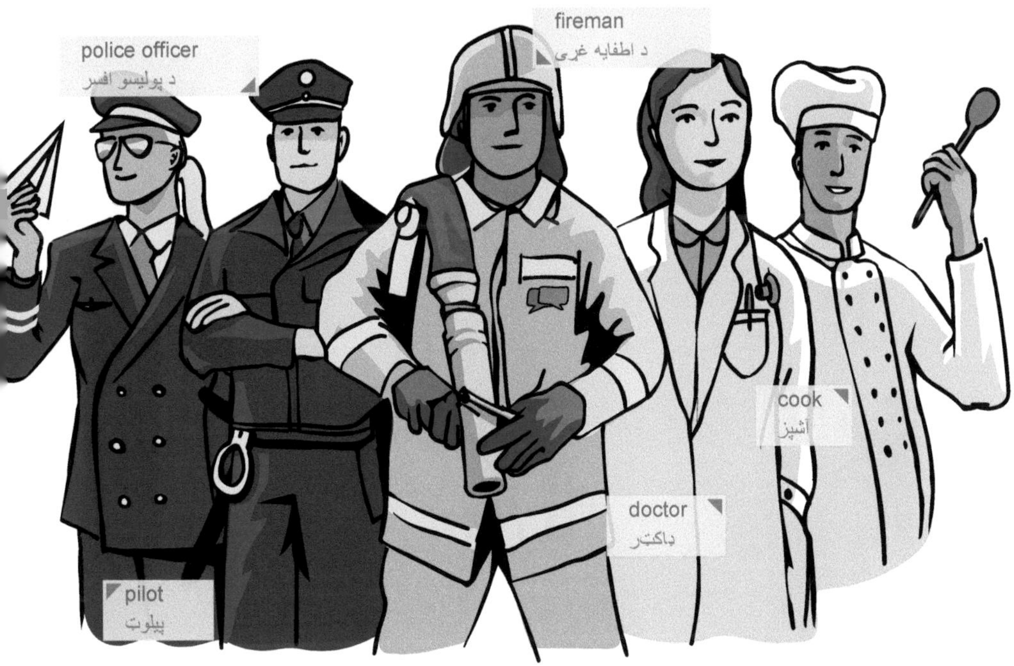

police officer
د پولیسو افسر
fireman
د اطفایه غړی
cook
آشپز
doctor
ډاکټر
pilot
پیلوټ

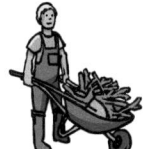

gardener
باغوان

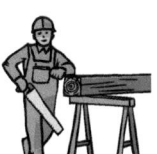

carpenter
نجار

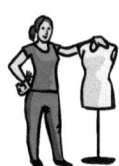

seamstress
خیاط

judge
قاضي

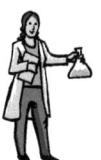

chemist
کیمیا پوه

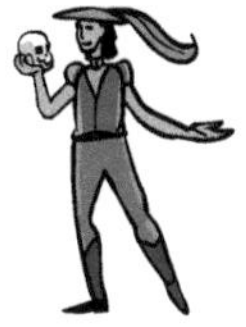

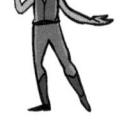

actor
د فلم لوبغاړی

bus driver

د بس ډرايور

taxi driver

د ټيکسي ډرايور

fisherman

کب نيونکی

cleaning lady

خدمه

roofer

بام جوړونکی

waiter

پيشخدمت

hunter

ښکاري

painter

نقاش

baker

نانوا

electrician

د برښنا کارکونکی

builder

تعمير جوړونکی

engineer

انجنير

butcher

قصاب

plumber

نلدوان

postman

پوست رسونکی

soldier

سرتیری

architect

مهندس

cashier

صراف

florist

مالیار

hairdresser

نایی

conductor

کلیندر

mechanic

میکانیک

captain

کپتان

dentist

د غاښونو ډاکتر

scientist

ساینس پوه

rabbi

بنراغلی

imam

امام

monk

مذهبي نفر

clergyman

پادري

tools

لوازم

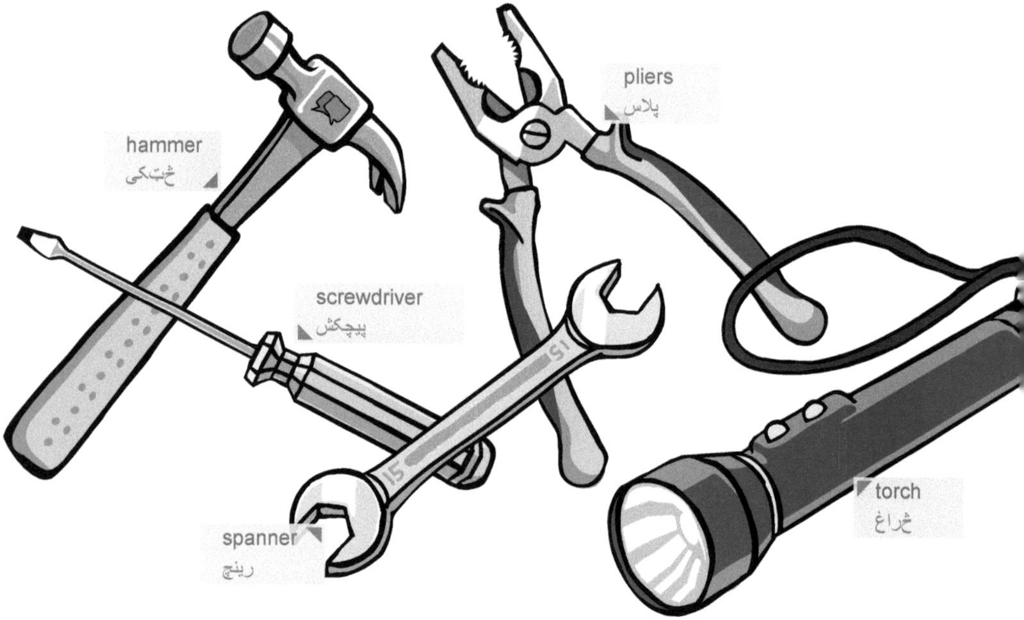

hammer
څټکی
pliers
پلاس
screwdriver
پیچکش
spanner
رینچ
torch
څراغ

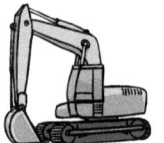

digger

کنستونکی

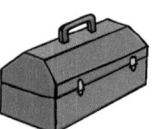

toolbox

د لوازمو بکس

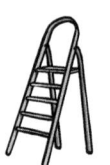

ladder

زینه

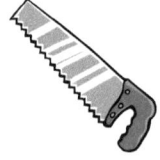

saw

اره

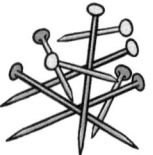

nails

میخونه

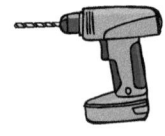

drill

برمه

repair

ترمیم کول

shovel

بیل

Damn!

لعنت!

dustpan

خاک انداز

paint pot

مشوانۍ

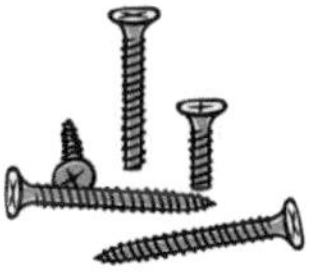

screws

پیچونه

musical instruments

د میوزیک آلات

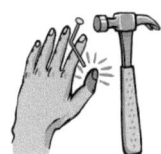

loudspeaker
لاوډ سپیکر

drum kit
ډرم سیټ

guitar
ګیتار

double bass
کنټرباس

trumpet
ترومپیټ

piano

پيانو

violin

وايلن

bass

باس

timpani

نغاره

drums

ډرمونه

keyboard

کي بورد

saxophone

سېکسافون

flute

ټپيلى

microphone

مايکروفون

ZOO
ژوبڼ

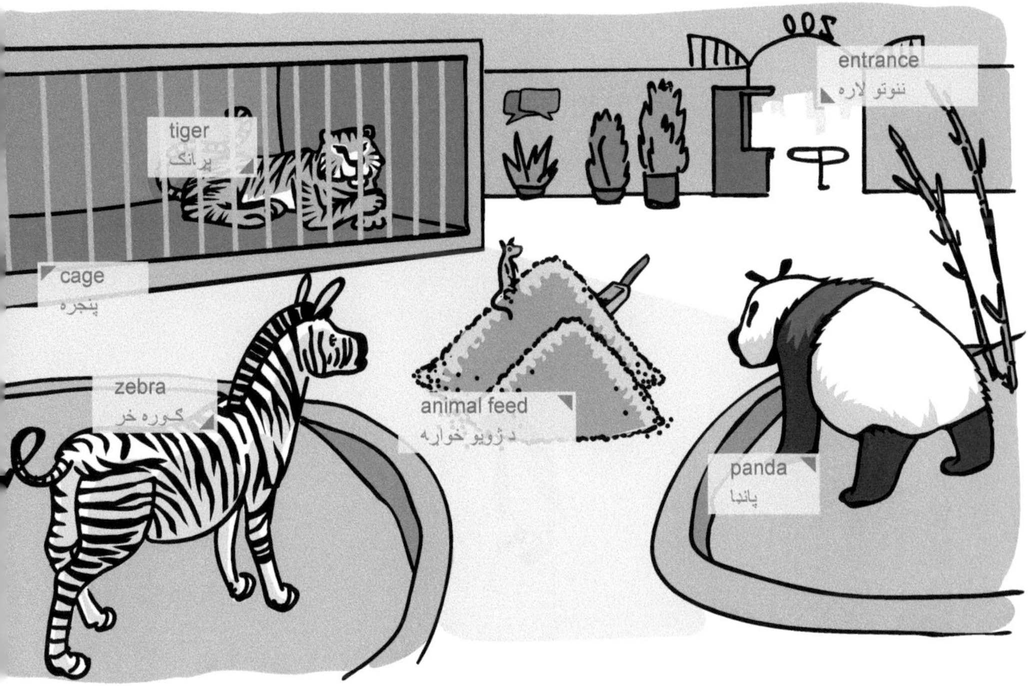

tiger
پړانګ
cage
پنجره
zebra
ګوره خر
animal feed
د ژویو خواړه
entrance
ننوتو لاره
panda
پانډا

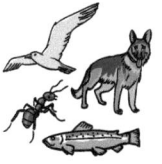

animals

ژوی

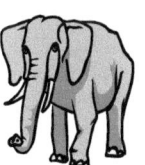

elephant

هاتي

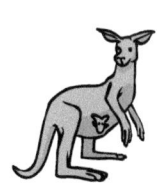

kangaroo

کنګرو

rhino

د اوبو اسپ

gorilla

ګوریلا

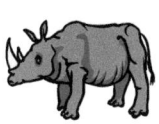

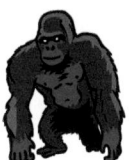

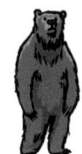

bear

ایږه

camel

اوښ

ostrich

ښترمرغ

lion

زمری

monkey

بيزو

flamingo

غزى

parrot

طوطي

polar bear

قطبي ايږه

penguin

پينگوين

shark

شارک

peacock

طاوس

snake

مار

crocodile

تمساح

zookeeper

ژوبڼ ساتونکی

seal

سيل

jaguar

جګوار

pony

یابو

leopard

پرانگ

hippo

هیپو

giraffe

زرافه

eagle

باز

boar

نرخوگ

fish

کب

turtle

شمشتی

walrus

سمندري نولی

fox

گیدره

gazelle

هوسی

American football
امریکایی فټبال

cycling
سایکل چلول

tennis
ټینس

basketball
باسکیټبال

swimming
لامبو

boxing
باکسینګ

ice hockey
د کنګل هاکي

football
فټبال

badminton
کسیزه

athletics
د خغاستی لوبی

handball
د هندبال

skiing
سکي

polo
پولو

activities

فعالیتونه

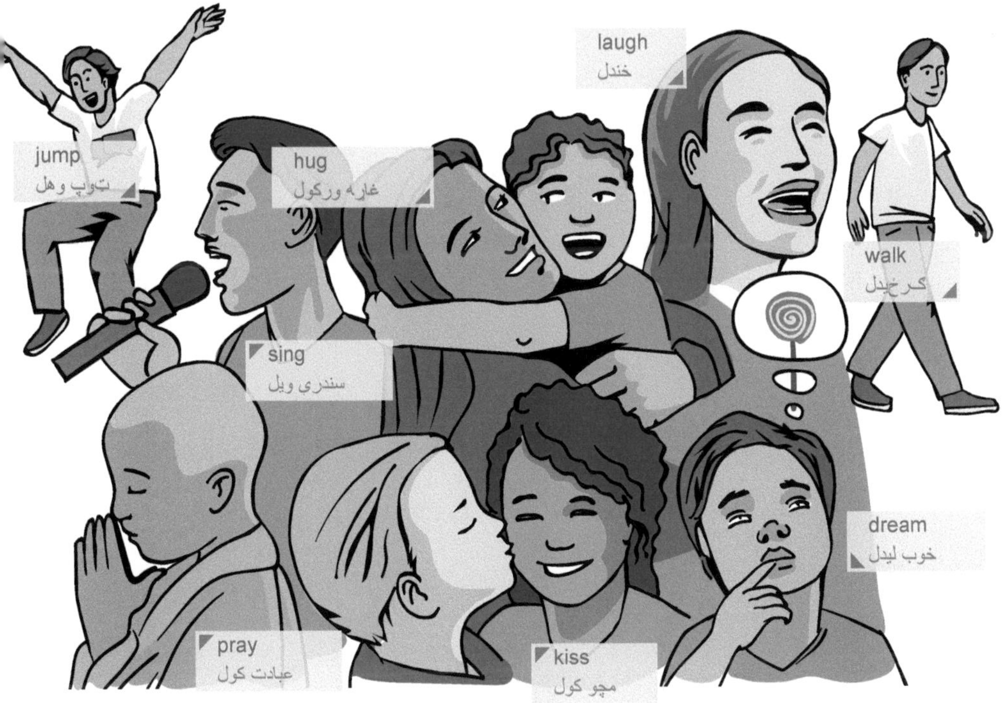

jump
ټوپ وهل
hug
غاړه ورکول
laugh
خندل
walk
ګرځیدل
sing
سندرې ویل
pray
عبادت کول
kiss
مچو کول
dream
خوب لیدل

write

لیکل

draw

کښل

show

ښودل

push

ټېله کول

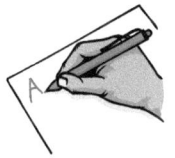

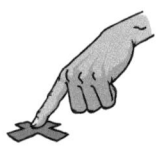

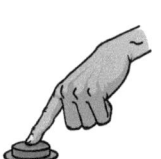

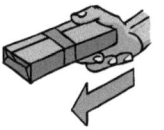

give

ورکول

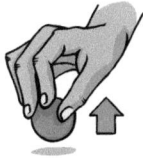

take

اخیستل

have

درلودل

do

کول

be

پاییدل

stand

ودریدل

run

مندی وهل

pull

راکښل

throw

ګوزارل

fall

لویدل

lie

څملاستل

wait

انتظار کول

carry

ورل

sit

کښېناستل

get dressed

پوښاک اغوستل

sleep

ویده کیدل

wake up

پاڅیدل

look at

کتل

cry

ژړل

stroke

برید کول

comb

ګمنځ کول

talk

خبري کول

understand

پوهيدل

ask

غوښتل

listen

اوريدل

drink

څښل

eat

خورل

tidy up

پاکول

love

مينه کول

cook

پخلی کول

drive

موټر چلول

fly

الوتل

sail

بېری چلول

calculate

حساب

read

لوستل

learn

زده کول

work

کار کول

marry

واده کول

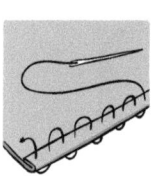

sew

ګنډل

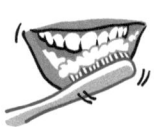

brush teeth

د غاښونو برس کول

kill

وژل

smoke

سګرټ څکښل

send

لیږل

family
کورنۍ

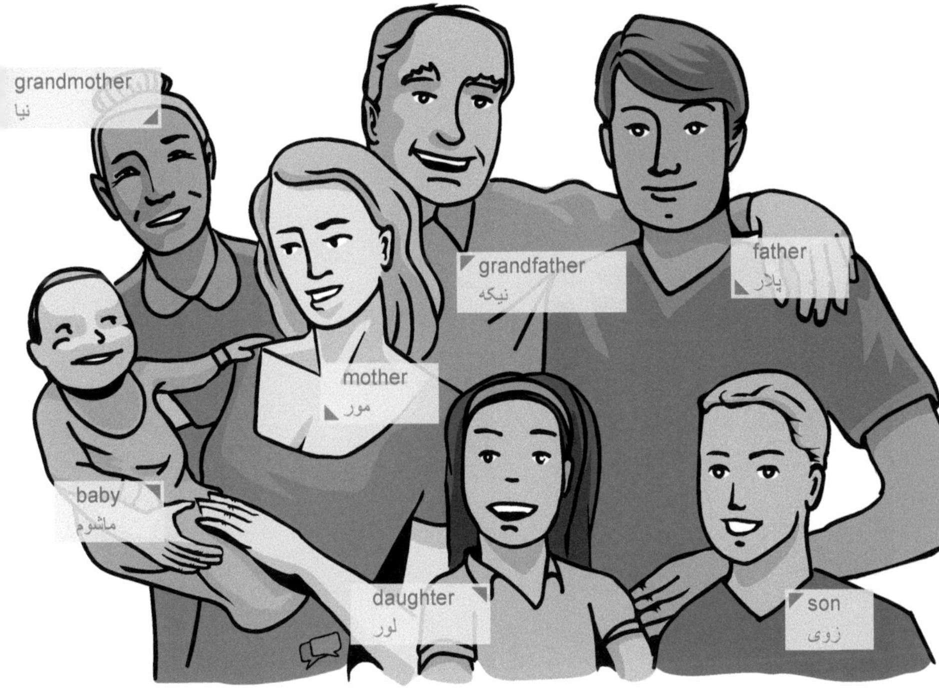

grandmother
نیا
grandfather
نیکه
father
پلار
mother
مور
baby
ماشوم
daughter
لور
son
زوی

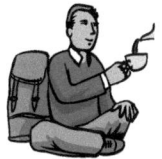

guest
میلمه

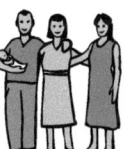

aunt
ترور

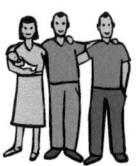

uncle
کاکا/ماما

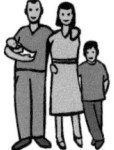

brother
ورور

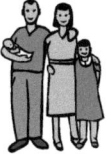

sister
خور

body

بدن

forehead
تندی
eye
سترګي
shoulder
اوږه
finger
ګوته
face
مخ
chin
زنه
hand
لاس
leg
پښه
breast
سینه
arm
مټ

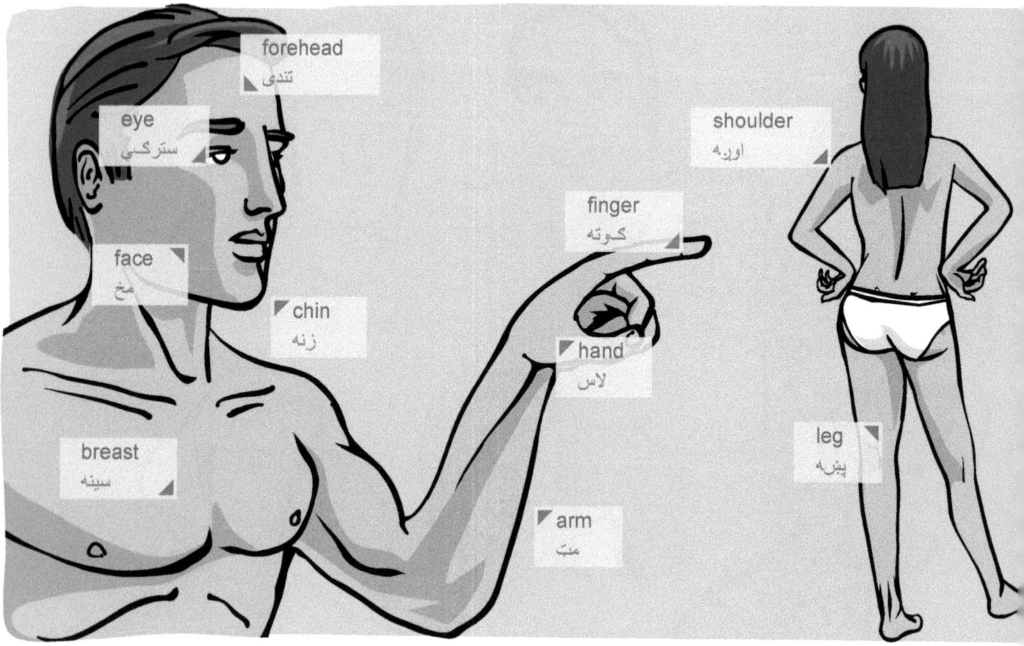

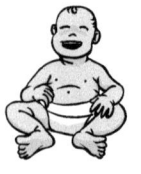

baby

ماشوم

man

سړی

woman

ښځه

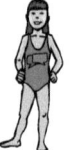

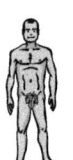

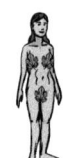

girl

انجلۍ

boy

هلک

head

سر

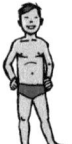

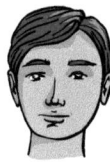

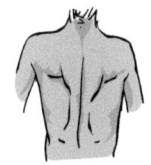

back

ﺷﺎ

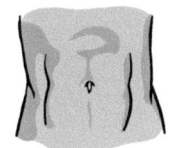

belly

ﺧﯿﺘﻪ

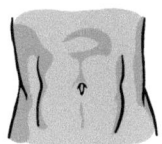

belly button

ﻧﻮﻡ

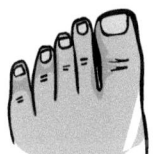

toe

ﺩ ﭘﯿﯽ ﮔﻮﺗﻪ

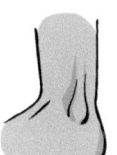

heel

ﭘﻮﻧﺪﻩ

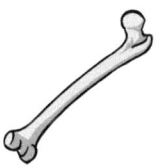

bone

ﻫﺪﻭﮐﯽ

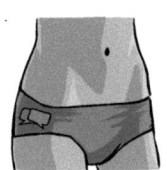

hip

ﮐﻮﻧﺎﺗﯽ

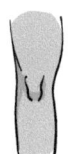

knee

ﺯﻧﮕﻮﻥ

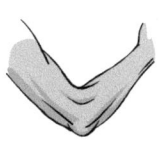

elbow

ﭨﻨﮕﻞ

nose

ﭘﻮﺯﻩ

bottom

ﻻﻧﺪﯼ ﺑﺮﺧﻪ

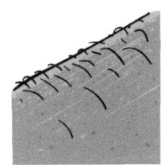

skin

ﭘﻮﺗﮑﯽ

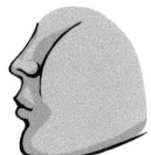

cheek

ﻏﻮﻣﺒﻮﺭﯼ

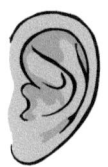

ear

ﻏﻮﮊ

lip

ﺷﻮﻧﮉﻩ

body - ﺑﺪﻥ

69

mouth

خوله

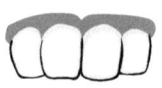

tooth

غاښ

tongue

ژبه

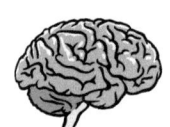

brain

مغز

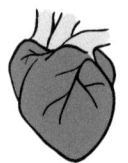

heart

زره

muscle

عضله

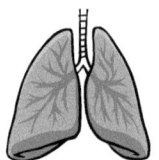

lung

سږی

liver

ځيګر

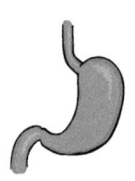

stomach

معده

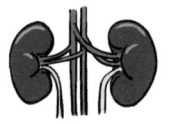

kidneys

پښتورګي

sex

جنسي نږدی والی

condom

کاندوم

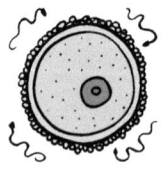

ovum

تخمه

semen

منی

pregnancy

حمل

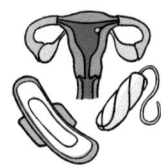

menstruation

حیض

vagina

مهبل

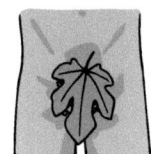

penis

د نارینه تناسلي آله

eyebrow

وروخی

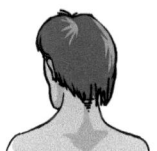

hair

ویښته

neck

غاړه

body - بدن

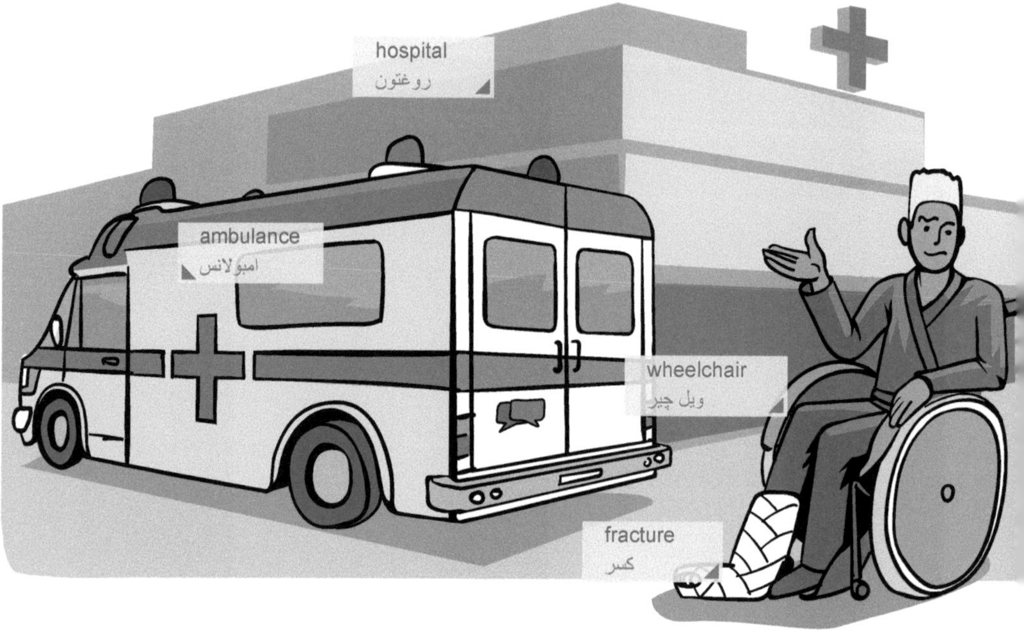

hospital
روغتون

ambulance
امبولانس

wheelchair
ویل چیر

fracture
کسر

doctor

ډاکتر

emergency room

عاجل خونه

nurse

نرسورپال

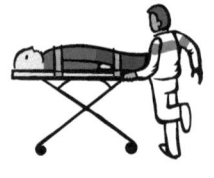

emergency

عاجل

unconscious

بی هوش

pain

درد

injury

پټه

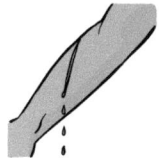

bleeding

وینه تویدل

heart attack

د زره حمله

stroke

ضرب

allergy

حساسیت

cough

ټوخی

fever

تبه

flu

انفلوینزا

diarrhoea

نس ناستی

headache

سر درد

cancer

سرطان

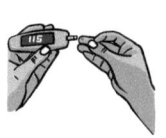

diabetes

شکر

surgeon

جراح

scalpel

سکالپل

operation

عملیات

CT

سي.تي

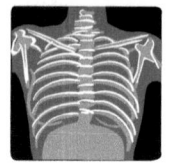

x-ray

ايكس ری

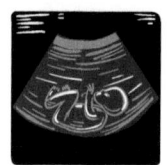

ultrasound

التراساوند

face mask

د مخ ماسک

disease

ناروغي

waiting room

انتظار خونه

crutch

امساأ

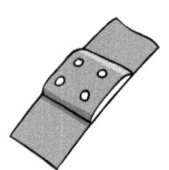

plaster

پلستر

bandage

بنداژ

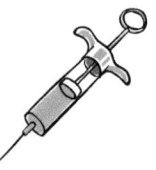

injection

تزریق

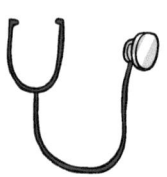

stethoscope

ستاتسكوپ

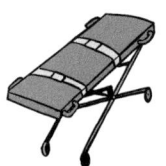

stretcher

تسكيره

clinical thermometer

كلينكي ترماميتر

birth

زيږون

overweight

زيات وزن

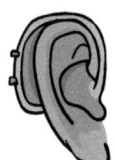

hearing aid

د اوريدو مرسته

disinfectant

د عفونيت څخه پاکونکي مواد

infection

عفونيت

virus

ويروس

HIV / AIDS

ايچ.آي.وي/ايدز

medicine

درمل

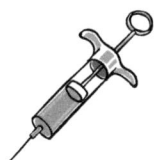

vaccination

واکسين

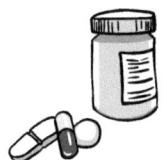

tablets

ټابلېټس

pill

کولۍ

emergency call

عاجل تليفون

blood pressure monitor

د وينې د فشار څارونکی

ill / healthy

ناروغ/روغ

Help! مرسته!	 alarm الارم	 assault يرغل
 attack بريد	 danger خطر	 emergency exit عاجل لاره
Fire! اور!	 fire extinguisher د اور وژونکی	 accident پيښه
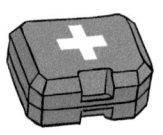 first-aid kit د لومړی مرستي لوازم	 SOS ايس.او.ايس	 police پوليس

Europe

اروپا

North America

شمالي امریکا

South America

سهیلي امریکا

Africa

افریقا

Asia

آسیا

Australia

آسټریلیا

Atlantic

اتلانتیک

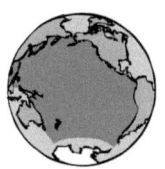

Pacific

پاسیفیک

Indian Ocean

د هند بحر

Antarctic Ocean

جنوبي منجمد بحر

Arctic Ocean

د شمال قطب بحر

North Pole

شمالي قطب

South Pole

سهيلي قطب

Antarctica

انټارکټیکا

Earth

ځمکه

land

ځمکه

sea

بحر

island

ټاپو

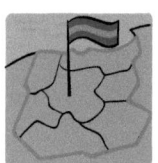

nation

ملت

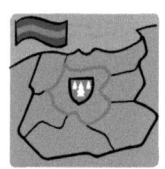

state

دولت

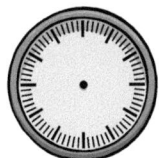

clock face

د مخی ساعت

hour hand

د ساعت ستنه

minute hand

د دقیقی ستنه

second hand

د ثانیی ستنه

What time is it?

څه وخت دی؟

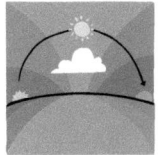

day

ورځ

time

وخت

now

اوس

digital watch

دیجیتل ساعت

minute

دقیقه

hour

ساعت

Monday
دوشنبه

Wednesday
چهارشنبه

Friday
جمعه

Tuesday
سه شنبه

Thursday
پنجشنبه

Saturday
شنبه

Sunday
یکشنبه

yesterday
....
پرون

today
....
نن

tomorrow
....
سبا

morning
....
سهار

noon
....
غرمه

evening
....
ماښام

business days
....
کاري ورځی

weekend
....
د اونۍ پای

year
کال

rain
باران
spring
پسرلی
summer
اوړی
wind
باد
autumn
منی
snow
واوره
winter
ژمی

4.APRIL 11°
5.APRIL 4°
6.APRIL 13°
7.APRIL 8°
8.APRIL 10°

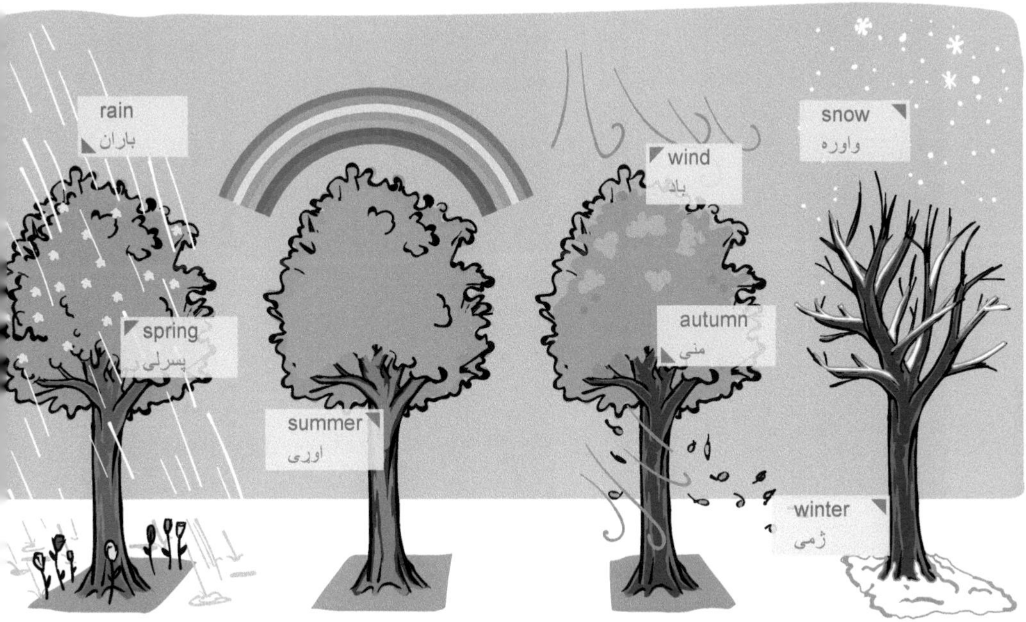

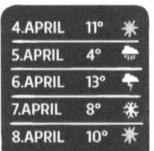

weather forecast

د موسم وړاندوینه

F C
120 40
90 30
60 20
30 10
0 0
-30 -10
-20

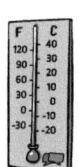

thermometer

ترموميټر

sunshine

د لمر وړانګې

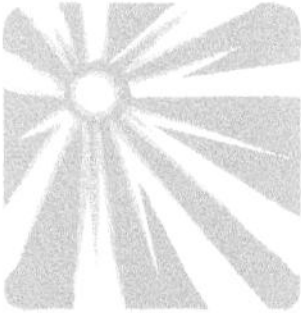

cloud

وریځ

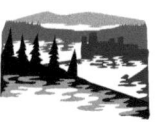

fog

لړه

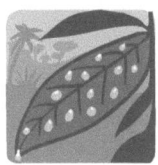

humidity

رطوبت

lightning

رڼا

thunder

تندر

storm

توفان

hail

پرلى وريدل

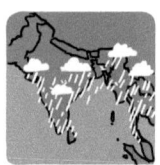

monsoon

مون سون باران

flood

سيلاب

ice

يخ

January

جنوري

February

فبروري

March

مارچ

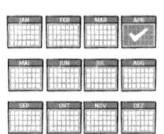

April

اپريل

May

مى

June

جون

July

جولاى

August

اګست

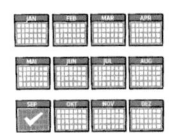

September

سپتمبر

October

اکتوبر

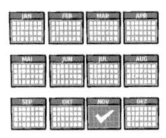

November

نومبر

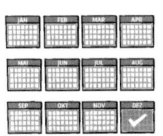

December

دسمبر

shapes

شکلونه

circle

دایره

square

مربع

rectangle

مستطیل

triangle

مثلث

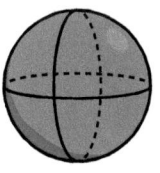

sphere

توپ

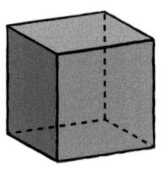

cube

فال

white
سپين

yellow
ژیر

orange
نارنجي

pink
ګلابي

red
سور

purple
ارغواني

blue
نيلي

green
شين

brown
نسواري

grey
خړ

black
تور

a lot / a little

خورا ډېر/خورا لږ

angry / calm

قار/آرام

beautiful / ugly

ښکلى/بدشکله

beginning / end

پيل/پاى

big / small

لوى/کوچنى

bright / dark

روښانه/تياره

brother / sister

ورور/خور

clean / dirty

پاک/ککر

complete / incomplete

مکمل/نامکمل

day / night

ورځ/شپه

dead / alive

مړ/ژوندى

wide / narrow

پراخه/نرى

edible / inedible

د خوراک وړ/نه خوړل کېدونکی

evil / kind

بد/مهربان

excited / bored

پاریدلی/بی خونده

fat / thin

چاق/لوچ

first / last

لومړی/وروستی

friend / enemy

ملګری/دښمن

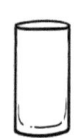

full / empty

ډک/تش

hard / soft

سخت/نرم

heavy / light

دروند/سپک

hunger / thirst

لوږه/تنده

ill / healthy

ناروغ/روغ

illegal / legal

غیرقانونی/قانونی

intelligent / stupid

هوښیار/ساده

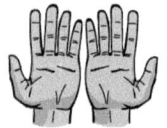

left / right

کیڼ/ښی

near / far

نژدې/لرې

new / used

نوی/زوړ

nothing / something

هیڅ/یوڅه

old / young

بوډا/ځوان

on / off

چالا/بند

open / closed

خلاص/تړلی

quiet / loud

غلی/لوړ غږ

rich / poor

بډای/غریب

right / wrong

صحیح/غلط

rough / smooth

زبر/ملایم

sad / happy

خفه/خوښ

short / long

لنډ/اوږد

slow / fast

سست/ګړندی

wet / dry

لوند/وچ

warm / cool

ګرم/یخ

war / peace

جګړه/سوله

numbers

0 zero
صفر

1 one
يو

2 two
دوه

3 three
دری

4 four
څلور

5 five
پنځه

6 six
شپږ

7 seven
اوه

8 eight
اته

9 nine
نهه

10 ten
لس

11 eleven
يولس

12
twelve

دولس

13
thirteen

دیارلس

14
fourteen

څوارلس

15
fifteen

پنځلس

16
sixteen

شپارس

17
seventeen

وولس

18
eighteen

اتلس

19
nineteen

نولس

20
twenty

شل

100
hundred

سل

1.000
thousand

زر

1.000.000
million

ميليون

English

انگلسي

American English

امريكايى انگلسي

Chinese Mandarin

چينايى مندرين

Hindi

هندي

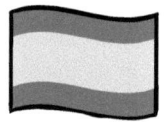

Spanish

هسپانوي

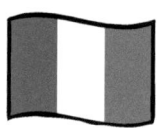

French

فرانسوي

Arabic

عربي

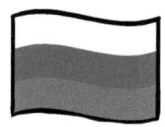

Russian

روسي

Portuguese

پرتگالي

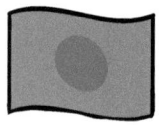

Bengali

بنگالي

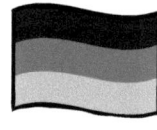

German

الماني

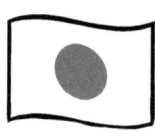

Japanese

جاپاني

I

زه

you

ته

he / she / it

هغه/د غه/دا

we

مورز

you

تاسي

they

دوى/هغوى

who?

څوک؟

what?

څه؟

how?

څنګه؟

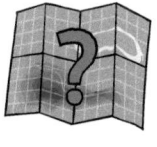

where?

چيرى؟

when?

كله؟

name

نوم

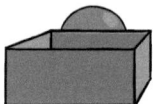

behind

شاته

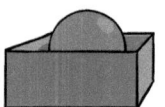

in

په

in front of

په مخه کی

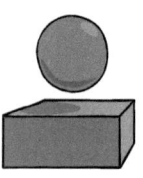

over

باندي

on

په

under

لاندي

beside

برسيره پر

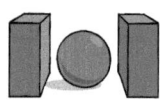

between

ترمينځ

place

ځای